PRINCIPES
D'ÉCONOMIE POLITIQUE

Appropriés à toutes les Nations,

MAIS PARTICULIÈREMENT

DESTINÉS A LA RÉGÉNÉRATION DE LA FRANCE,

PAR

JAMES BILLET,

DE TAUNTON (SOMERSET).

" Esprit saint, remplis-moi de ton souffle puissant;
Et si ton plus beau temple est un cœur innocent,
Viens épurer le mien, viens aider ma faiblesse;
Fais que de mon sujet j'égale la noblesse,
Et que mon vers brûlant, animé de ton feu,
Venge aux yeux des mortels la justice de Dieu! "

(DELILLE, *trad. du Paradis perdu.*)

« C'EST LA VÉRITÉ QUI VOUS RENDRA LIBRES. »

PARIS,

IMPRIMERIE DE MADAME SMITH,
Rue Fontaine-au-Roi, 18.

1849

1850

MAXIMES

1. Connaître Christ et le suivre fidèlement. (Saint Jean, XVII, 3.)
2. Conserver sa conscience nette dans toutes les affaires de ce monde. (Rom. XII, 17.)
3. Se garder de toute peine inutile. (I Pierre, III, 2.)
4. Observer les dimanches religieusement et toujours. (Isaïe, LVIII, 13.)
5. Ne commettre ni ne laisser commettre aucun acte de cruauté envers les animaux. (Prov. XII, 10.)
6. Avoir l'œil sur la Providence, afin que la Providence ait l'œil sur nous. (II Chron. XVI, 9.)
7. Dans toutes les difficultés et tous les dangers, dans toutes les tentations et toutes les épreuves, faire de Dieu son ami. (Job, XIII, 15.)

Taunton, 26 mars 1849.

J. BILLET.

A LA NATION FRANÇAISE,

Il est une question d'un haut intérêt pour tous les membres de la République, soit qu'ils en aient la conscience ou non : c'est celle de savoir sur quel principe est fondé l'espoir que vous avez de revoir la France comblée de prospérité, unie par la concorde et ennoblie par la véritable grandeur. Est-ce sur la sagesse humaine que vous comptez ? s'il en est ainsi, vous poursuivez un vain fantôme que vous ne pourrez jamais atteindre; tous vos efforts n'aboutiront qu'à la ruine. Est-ce au contraire sur la divine sagesse que se fondent vos espérances? Dans ce cas, soyez assuré qu'elles se réaliseront, et que vous reverrez votre patrie, la tête haute, étendant ses branches de plus en plus florissantes comme le cèdre majestueux et poussant dans le sol des racines de plus en plus vigoureuses.

Quelle belle occasion pour le citoyen qui aspire loyalement à une gloire légitime, de déployer à la fois les vertus du patriote et du chrétien, de poser la première pierre d'un monument plus durable que l'airain, en introduisant dans la législation française un nouvel élément plein de vie et d'activité !

Dans les matières d'une aussi haute importance, il est nécessaire de se placer de prime abord sur un terrain élevé et de savoir s'y maintenir.

« Pourquoi hésiter entre deux opinions? » Un hardi

début est la moitié du succès. Examinez toutes les ques-
tions au point de vue chrétien. Le fidèle est toujours en
sûreté. Rivalisez avec la Grande-Bretagne en foi sincère,
et ne prenez de repos, ne gardez le silence, ne soyez
satisfaits que lorsque vous l'aurez surpassée.

« La bouche de vérité sera établie, » est-il dit. C'est
en cela que je place mon entière confiance, en tant qu'il
m'appartient, et non dans aucune présomption ou re-
marque à moi; car je ne demande ni ne désire votre
assentiment qu'autant que mes paroles auront subi cette
épreuve et que l'expérience en aura démontré la vérité.
Aucun droit politique ni civil n'autorisant, je le sais, ma
démarche auprès de vous, je vous prie de l'excuser en
faveur de la bonne intention qui l'a dictée.

DIEU PROTÉGE LA FRANCE.

INTRODUCTION.

Je me propose de dégager la question des voiles épais
dont elle a été inutilement enveloppée tant de fois, et
de l'amener tout d'abord au plus haut degré possible de
précision et de simplicité. Jamais à mon avis la vérité
n'a autant de grandeur et de puissance que lorsqu'elle
n'est entourée que de sa seule majesté ; car bien que les
opinions puissent varier à son égard, elle est en elle-
même nécessairement invariable à jamais. Mais qu'est-
ce que la vérité? demandera-t-on comme Pilate : il
n'attendit pas la réponse de peur d'y trouver son arrêt ;
mais elle fut recueillie , heureusemeut pour le genre
humain, telle qu'elle sortit de la bouche du Seigneur:
« Je suis le chemin, la *vérité* et la vie. » C'est lui qui
est la vérité personnifiée. Toutes ses paroles, toutes ses
actions, tous ses préceptes étaient la vérité, toute la
vérité, rien que la vérité. C'est donc d'après la parole
de Dieu, ce modèle uniforme et infaillible, que tout doit
s'apprécier et se régler. Poussez vos recherches jusqu'au
plus haut point que la philosophie païenne ait pu jamais
atteindre et dites à quels résultats elle arrive? Peut-elle,
relativement aux objets d'une importance prééminente,
découvrir autre chose que ce fait humiliant? Combien le
plus grand esprit est petit sans la connaissance des pre-
miers principes, c'est-à-dire des principes de la vérité
divine tels qu'ils sont exposés dans les saints oracles.

PREMIER PRINCIPE.

Dans la science de la vérité divine, comme dans toutes les autres, il importe de commencer par le commencement. En conséquence je propose d'admettre comme le premier axiome d'économie politique, qu'aucun fondement ne saurait être assuré à moins d'être posé en « terre sainte. » La sagesse humaine est sujette à errer ; la sagesse de Dieu est seule infaillible. C'est sur cette base essentielle et immuable que doit reposer constamment l'édifice entier de l'économie politique ; c'est avec elle que les développements successifs de l'édifice doivent invariablement rester en harmonie, de même que les ramifications d'un verbe hébraïque conservent toutes, malgré leur nombre et leur étendue, le caractère de la racine d'où elles sont issues. Un principe est une force.

C'est ainsi que la constitution anglaise fut primitivement établie, je présume, il y a six siècles environ, et bien que plusieurs fois sa structure ait été plus ou moins altérée par de vaines tentatives d'amélioration, néanmoins l'édifice, dans son ensemble, possède un caractère d'unité qu'il ne perdra jamais. Il serait assez difficile de retracer exactement son origine. Toutes les recherches que j'ai pu faire à ce sujet m'ont seulement appris qu'Eleuthère, douzième évêque de Rome, sous le règne de Commode, recommanda fortement au roi de la Grande-Bretagne, en lui envoyant une Bible en présent, de la prendre pour guide dans ses travaux de législation. Le roi suivit ce conseil, et ce fut ainsi que prit naissance, à mon avis, la constitution anglaise, cet auguste monument. Je n'émets là du reste qu'une opinion particulière, prêt à y renoncer aussitôt qu'il s'en produirait une meilleure.

Le législateur le plus sage, peut-être, que l'Angleterre ait jamais eu, Alfred, procéda de la même manière : il avait toujours la Bible ouverte devant lui lorsqu'il travaillait à une loi, et il n'en publia pas une seule qu'il ne jugeât conforme à ce divin modèle.

La même voie fut suivie par le grand Juge des plaids communs (1), ainsi que par lord Hale, lord Reymond et lord Harwick. Enfin l'esprit vigoureux et élevé de Blacketone, qui concentrait en lui seul toute la sagesse du barreau, consacra ce mode de procéder en proclamant qu'une loi quelconque n'a point d'autre validité que celle qu'elle peut tirer médiatement ou immédiatement des lois divines. Il en résulte que la Bible forme en grande partie le code de la Grande-Bretagne.

On trouve dans saint Matthieu un argument d'une force surhumaine pour démontrer de la manière la plus convaincante que les éléments de l'économie politique doivent reposer sur une base plus solide et plus profonde que l'esprit de l'homme ; c'est le passage où il est dit : « Cherchez premièrement le royaume de Dieu et sa justice, et toutes les autres choses [*qui sont justes et bonnes*] vous seront données par-dessus. »

Le moyen le plus sûr et le plus efficace de mettre largement ce principe en pratique, est sans contredit d'établir législativement une église chrétienne solidement fondée sur l'Écriture, mais sur l'Écriture seule, et sans mélange d'invention ou de traditions humaines qui lui répugnent en quoi que ce soit.

C'est ainsi que l'Église anglicane, ce ferme soutien de la constitution anglaise, fut évangéliquement instituée au premier siècle et réinstituée législativement sur les mêmes principes à l'époque de la réformation. L'histoire

---

(1) *Chief. Justice of the common pleas*, Président de la cour qui connaît des causes civiles *entre citoyens*.

de cette Église est fort peu connue, même des ecclésiastiques ; on s'en occupe rarement dans les colléges où elle paraîtrait devoir être généralement familière. C'est manquer de justice et de générosité envers cette noble et antique institution, qui eut pour évêque (1), en l'an du Seigneur 56, Aristobule dont il est fait mention dans l'Épître de saint Paul aux Romains.

Il est rare que les historiens modernes rendent à cette église la justice qui lui est due, bien que les anciens récits renferment au sujet de sa constitution des témoignages aussi abondants que clairs et ineffaçables.

Aristobule, ce fidèle disciple, fut précepteur de Brand, beau-père de Caractacus ; il devint ensuite l'instrument de la conversion de ce dernier à la foi chrétienne, pendant sa captivité à Rome, et le suivit à son retour en Bretagne, avec Blid et Cyndaf, deux juifs convertis.

C'est à cet état d'antique pureté que les réformateurs se proposaient évidemment de ramener l'Eglise aux quinzième et seizième siècles, mais ne formant qu'une minorité, ils ne purent complétement réaliser leur vœu.

En considération des mérites de cette Eglise à laquelle j'ai eu le bonheur d'appartenir toute ma vie, je crois à propos d'établir en ce moment que les opinions qui s'écartent de ses principes, c'est-à-dire de l'autorité révélée, sont toutes schismatiques, notamment celles qui ont été récemment émises par la secte des Tractarians (2). C'est à juste titre que leurs écrits sont intitulés *Traités pour l'époque*, car ce ne sont pas assurément des traités pour l'ÉTERNITÉ ; la lumière et les ténèbres s'y trouvent confondues par la substitution de pratiques extérieures aux vrais sentiments de piété, par

---

(1) Métaphraste et autres.

(2) Dérivé de *tract*, traité, à cause de ceux que publie la secte religieuse dont il s'agit.

la substitution de l'Église au Christ et des sacrements à son seul sacrifice. Et cependant, que dit l'apôtre ? « Ni la circoncision, ni l'incirconcision n'ont aucune efficace, mais la nouvelle créature ; » et ailleurs : «Le Saint-Esprit n'était encore descendu sur aucun d'eux ; seulement ils étaient baptisés ; » c'est-à-dire que, bien que baptisés, ils n'avaient pas été régénérés.

La même doctrine est parfaitement soutenue par le savant Hooker, dans cette définition nette et concise : « Les sacrements en eux-mêmes ne contiennent aucune efficacité vitale ; ce sont simplement des instruments moraux institués par Dieu, dont l'usage est dans nos mains et l'effet dans les siennes. Pour l'usage, nous avons son commandement, et pour l'effet, sa promesse.»

La question du sacrement du baptême est très simple, à mon avis, pourvu qu'on s'en rapporte au texte de la Bible.

Il y a deux espèces de baptêmes, l'un extérieur, l'autre intérieur. Le baptême extérieur est celui qu'administre le prêtre suivant le décret divin, et en vertu duquel une personne est reçue dans l'Église visible de Christ et admise à jouir de tous ses droits et priviléges. Le baptême intérieur est celui que le Saint-Esprit opère sur le cœur et par l'effet duquel une personne est régénérée et reçue dans l'Église spirituelle du Christ. Les deux baptêmes peuvent avoir lieu ensemble ; mais nulle part l'Écriture sainte ne le promet, et par conséquent il est aussi présompteux qu'imprudent d'affirmer qu'il en est ainsi. Nos articles de foi ne reconnaissent point une absurdité pareille. Toute personne qui croit sans réserve à la régénération par le baptême, donne par cela même de fortes raisons de croire qu'elle n'a jamais été régénérée elle-même.

J'ai prolongé cette sorte de digression à cause de sa haute importance d'erreur qui siégerait ainsi au seuil même de la théologie, comme la carie à la racine d'un arbre ne manquerait pas d'infecter progressivement tout l'édifice. N'oublions pas que le point dont il s'agit est depuis trois cents ans l'objet d'une ardente et funeste controverse qu'a occasionnée la substitution des hypothèses humaines à la révélation divine. La *jeune Angleterre* n'est qu'un vieux rejeton illégitime que la papauté mit au jour pendant les siècles de ténèbres. Pour un esprit éclairé, Enclède ne renferme pas de problème plus nettement démontré que la différence qui existe entre le christianisme et la doctrine des *Tractarians*.

DEUXIÈME PRINCIPE.

Conformément aux propositions précédentes, la France ne devrait prêter obéissance qu'à Dieu seul, qui fait à son gré naître ou tomber, prospérer ou déchoir les nations et les empires. En conséquence, la France devrait rompre les liens d'obéissance spirituelle qui l'attachent au pape, et répudier toute espèce de rapport avec sa religion : est-il pour un homme raisonnable un spectacle plus révoltant, plus digne de pitié, que de voir la France, cette nation intelligente et libre, se placer sous la domination spirituelle d'un pape, au lieu d'imiter Josué, et de se consacrer solennellement au service du Seigneur ?

Il faudrait à la France une Église qui lui appartînt en propre, une Eglise fondée sur Jésus-Christ, ce « roc spirituel » qui ne sera jamais ébranlé, « le roi des rois et le seigneur des seigneurs » (Apoc. XIX); une Eglise dont les services se fissent en français, afin que tous les assistants unis de cœur et d'intelligence, sussent bien à quoi ils disent amen. Lorsque la religion qu'on suit est vraie, rien n'est plus honteux que d'en changer ; mais ne l'est-il pas autant de rester obstinément attaché à une religion fausse ? C'est méconnaître la science et la lumière en présence de cette injonction redoutable : « Comment échapperez-vous, si vous négligez un si grand salut ? » Moyennant la bénédiction de Dieu, sans qui rien n'est saint ni fort, une Eglise constituée sur de telles bases ferait à la France un bien immense. La pauvreté ne la rendrait ni moins utile, ni moins fidèle. « Ceux qui m'honorent, je les honorerai. » Christ et Christ crucifié, voilà le seul texte qui, par sa propre vertu, et sans addition du fait de l'homme, puisse le conduire à la connaissance du salut.

Il ne m'appartient point d'entrer dans des détails sur ce sujet. Cependant s'il m'était permis de faire une seule observation, il me semblerait éminemment utile d'accorder au nouveau clergé une entière liberté de conscience, de le laisser exercer à l'aise son jugement et ses talents, de ne lui préparer des obstacles que dans le cas où il viendrait à s'écarter des principes de la vérité divine, selon le témoignage des Saintes-Écritures. « Ne faites rien contre la vérité, » c'est-à-dire la divine vérité telle qu'elle est révélée dans l'Écriture sainte ; mais renoncez à tout ce qui n'est pas d'accord avec elle ; car c'est le seul modèle qui puisse servir à apprécier exactement le juste et l'injuste, ainsi qu'à distinguer le vrai culte du faux.

TROISIÈME PRINCIPE.

L'observation du dimanche est une condition indispensable pour régénérer une nation ; car c'est le signe établi par Dieu lui-même pour distinguer ceux qui lui appartiennent de ceux qui ne lui appartiennent pas. Pour mieux démontrer encore l'importance pratique et la rigoureuse nécessité de cette règle, on peut rappeler, d'après l'Écriture, qu'un homme fut mis à mort pour avoir violé le sabbat, et ce châtiment ne fut pas infligé par la justice des hommes, mais en vertu d'un arrêt formel et immédiat du Tout-Puissant, comme pour manifester plus hautement sa volonté à ce sujet.

Est-ce aller trop loin que de dire : Gardez le sabbat et vous garderez la foi ? Cette obligation est tracée avec une énergique précision par Isaïe, LVIII, 13.

Tant que la France continuera de tolérer l'inobservation du dimanche, tant que ce trait caractéristique n'aura pas été effacé de son histoire, elle ne pourra jamais arriver à une prospérité réelle et durable, ni acquérir de vraie gloire, ni ranimer en elle l'esprit chrétien par des actes législatifs, ni jouir de la paix à l'intérieur. Il y aurait plusieurs moyens de parvenir au moins à atténuer ce funeste péché ; on pourrait procéder par les exhortations de la chaire, par les prescriptions légales, lorsque les circonstances s'y prêteraient, et surtout par l'éducation et les habitudes domestiques, en amenant chaque famille à se réunir pour prier en commun, non seulement le dimanche, mais tous les jours de la semaine, matin et soir. Il serait également utile que dans le monde le goût de la lecture fût dirigé vers de bons ouvrages religieux au lieu d'inutiles fictions, que la conversation fût assaisonnée à propos de sujets du même genre ; car il existe un *amor theologicus* aussi plein de charmes que l'*odium theologicum* est repoussant. Par ces divers moyens, le dimanche acquerrait un caractère de sainteté inconnu jusqu'à ce jour, et qui donnerait aux conseils et aux cœurs de la France une énergie toute nouvelle.

QUATRIÈME PRINCIPE.

Une foule d'hommes sont morts inutilement pour leur patrie ; mais représentons-nous un Français qui, vivant pour la sienne, emploierait à la régénérer le courage et l'énergie qui seraient en lui ; il montrerait par quelle erreur fatale, la France, depuis plusieurs siècles, foule aux pieds la vérité du christianisme, et se contente bassement de son ombre ; il déploierait en même temps la bannière de la croix en justice et en vérité, et rallierait à l'entour tous ceux qui aiment leur pays.

Les besoins de la France se résument en un seul, celui de la vraie religion. L'intelligence, l'éducation, la littérature, l'art et les sciences, tous ces trésors abondent chez elle ; mais il leur manque à tous un principe actif et vivifiant. Ne s'adressant qu'aux sens, ne s'élevant pas au-dessus, ils n'ajoutent rien à la situation morale et spirituelle de la nation, car « la chair ne profite point. » Pourquoi cet éloignement de Dieu, cet égarement de la raison continueraient-ils de subsister ? La France a eu son jour de grâce, et il peut reparaître encore. On ne saurait voir sans une lueur d'espérance l'ordre du jour par lequel l'Assemblée nationale a repoussé une pétition ayant pour objet la création d'une chaire d'athéisme. Cette décision est d'un bon augure ; elle indique que tous les sentiments religieux ne sont pas complétement éteints dans cette Assemblée. Mais ne s'y trouve-t-il pas un fidèle Calvin, un Drelincourt animé d'un saint zèle, pour ranimer les restes du feu sacré et faire jaillir une flamme vivifiante qui éclaire la France à salut ?

L'homme qui entreprendra cette grande œuvre avec la résolution de Néhémie, sera un vrai patriote, digne de la reconnaissance de ses concitoyens et du plus beau monument que puisse offrir le champ du repos.

L'espérance n'est pas encore éteinte. Il y a des éclipses dans le domaine de la grâce comme dans celui de la nature. Paris, cette célèbre école d'impiété, de luxe et de frivolité, renferme lui-même aujourd'hui des hommes qui rendent témoignage de Dieu ; et quoique peu nombreux, ils sont aussi sincères et aussi dévoués que ceux dont peut s'enorgueillir toute autre capitale de l'Europe. Si ce petit troupeau de protestants obtenait les facilités et l'appui nécessaires pour exécuter leur œuvre de miséricorde et fonder efficacement le royaume de Christ, leurs travaux, secondés par la promesse qu'ils ne seraient pas vains devant le Seigneur, répandraient sur la France d'incalculables bienfaits.

Est-il un homme assez aveugle pour ne pas voir la main de Dieu dans les événements prodigieux qui agitent le continent, pour croire que le hasard en est l'auteur et l'arbitre ? Aucune nation a-t-elle jamais prospéré après avoir abandonné Dieu ? Ne résulte-t-il pas au contraire de l'histoire profane et de l'histoire sacrée que toutes les fois qu'une nation abandonne Dieu, elle est elle-même abandonnée ? Le respect de Dieu est pour ainsi dire une mesure qui peut servir à apprécier la politique et à déterminer les prévisions relativement à tel ou tel acte particulier d'un gouvernement, comme aux destinées de telle ou telle nation. En considérant les révolutions qui se sont succédé en France, n'est-il pas présumable que c'est l'impiété cyniquement professée et pratiquée dans ce pays, qui naguère attira sur lui la vengeance du ciel ? suivant la parole de Jérémie : « C'est ici la nation qui n'a point écouté la voix de l'Éternel son Dieu, et qui n'a point reçu d'instruction. La fidélité a péri et a été retranchée de leur bouche. » Les habitants ont donc été livrés à eux-mêmes, « pleins d'envie, de soif de sang, de turbulence, de malignité, se haïssant et se provoquant les uns les autres, malicieux, implacables,» offrant au reste du monde une terrible leçon.

M. Thiers a dit à la tribune : « S'il est un homme qui connaisse un remède aux souffrances du pays, qu'il vienne le déclarer. » Je réponds à cette invitation que l'incrédulité est le mal qui afflige la France et que la religion le guérirait. La première de ces propositions est prouvée par l'histoire de la France, depuis une longue suite d'années, et la seconde, par l'histoire du monde entier. Mais pour être puissante, cette religion doit être pure, condition dont l'accomplissement est incompatible avec la papauté.

Une aristocratie constituée comme celle de la Grande-Bretagne est un des moyens les plus efficaces pour élever ou restaurer un empire ; mais elle ne saurait se former à la hâte. Les élans du véritable honneur qui se préparent et s'entretiennent dans cette école, trouvent dans les parties les plus éloignées de l'empire des échos plus ou moins faibles, mais en parfait accord. Avec un niveau absolu qui ne comporte aucune élévation partielle, la condition la meilleure n'est toujours que très médiocre ; mais c'est par le christianisme que le grand homme devient véritablement *grand*. La vraie grandeur est interdite à l'infidèle ; une popularité aveugle et éphémère peut le porter aux nues, mais cette élévation ne sert qu'à le faire tomber ensuite de plus haut. « Il monte comme la fusée volante, disait Barke, mais il retombe comme la baguette, » et disparaît sans laisser aucune trace de son existence. L'oubli est un tombeau. On voit rarement refuser le respect à l'autorité qui le mérite ; ce n'est que lorsqu'on s'en est rendu indigne, qu'on cesse d'en recevoir les témoignages. La liberté du sujet est un privilége équitable qui réagit avantageusement sur les classes élevées, tout en servant de lest au vaisseau de l'État pour lui donner de la stabilité.

CINQUIÈME PRINCIPE.

Le principe moral dont l'amour et la crainte de Dieu doivent toujours former l'essence et la perfection, est le moyen de gouvernement qui peut procurer à une nation la sûreté, le bien-être et l'union ; c'est le seul qui puisse assurer la dignité, l'honneur et la prospérité d'un peuple. Examinez les familles et les individus, interrogez votre propre cœur ; où trouverez-vous un moyen d'action aussi puissant ? Les règles de l'économie domestique ont une certaine analogie avec celles de l'économie politique. Mais avant que le principe dont il s'agit puisse être adopté avec efficacité pour toute une nation, il faut que l'esprit public soit préparé à le recevoir par l'éducation, l'exemple et l'habitude. Il faut que l'amour et la connaissance de la Bible cimentent la communion universelle et sanctifient le système universel, avant qu'un pays puisse porter le sceau divin sur ses armoiries et acquérir la justice qui fait la véritable grandeur des nations.

Il y a un proverbe que ni le temps ni les circonstances n'ont jamais démenti ; c'est celui-ci : « Le chrétien est le meilleur patriote. »

La religion est pour ainsi dire le baromètre des nations. Elle indique et prédit plus sûrement qu'aucun autre signe, la stabilité, la hausse ou la baisse du bien public. Les fonds peuvent rendre compte jusqu'à un certain point de la situation financière d'un pays, mais ils ne sauraient garantir sa sûreté dans l'avenir. Pouvait-on, d'après la situation des fonds français, en janvier 1848, se figurer dans quel état se trouverait le pays au mois de mai suivant ? Mais la moindre observation faite avec le véritable télescope suffirait pour démontrer qu'avant peu la paix et la prospérité qui régnaient à la surface seraient englouties par l'impiété de la France. Il faut que l'énergie, les passions et l'activité de l'homme aient un libre cours ; si on ne les dirige pas dans la bonne voie, on peut être sûr qu'elles s'en ouvriront une mauvaise. Le calme profond qui régnait en France n'était pour ainsi dire que le lugubre silence qui précède la tempête. C'était la rêverie artificielle des narcotiques, plutôt que le sommeil réparateur et vivifiant de la santé. Les principes qui nous occupent étaient étrangers à la situation, et peut-il y avoir aucune sûreté là où ils manquent ?

Au surplus, la France n'éprouve pas seule les funestes effets de l'impiété ; tôt ou tard ils se montrent à la suite de la papauté partout où elle porte ses pas. La papauté est « un nom recouvert d'un linceul. » Il n'est rien qui soit autant qu'elle l'objet manifeste du courroux du Tout-Puissant ; et ce fait n'a rien d'étonnant, car toujours la papauté se pose en ennemie déclarée de sa parole.

Si déplorables qu'elles soient en elles-mêmes, les luttes et les alarmes auxquelles les puissances continentales sont en proie en ce moment, peuvent cependant finir par tourner à bien. Il est possible que, par l'effet de ces épreuves, les intelligences et les consciences se dégagent des chaînes spirituelles dont elles sont chargées aujourd'hui ; il est possible que la dynastie de ténèbres, d'ignorance et de superstition qui règne dans ces contrées tombe en poussière ; et alors il s'ouvrirait devant la vérité divine une carrière qu'elle pourrait librement parcourir. Une illumination plus éclatante que le soleil, plus vivifiante que sa chaleur, plus riche que les trésors du Pérou, répandrait sur cet hémisphère, jusqu'alors plongé dans les ténèbres, des flots de lumière éternelle et bienfaisante. Désormais les lois de la Pologne autrichienne n'interdiraient plus à la Bible de traverser ses frontières ; la Sardaigne ne soumettrait plus chaque voyageur à des visites pour voir s'il ne porte pas sur lui des exemplaires du saint livre et les lui arracher dans l'occasion ; la capitale de l'Italie ne punirait plus d'un emprisonnement le don d'une Bible, au nom de l'inquisition, cet opprobre des nations.

Il faut que ce saint livre, le second présent le plus précieux que Dieu ait fait à l'homme, soit dans ces contrées l'objet d'une haine diabolique pour motiver la mise en vigueur de pareilles lois contre sa seule présence ! A quels malheurs, à quelles catastrophes ne sont pas exposées des nations ainsi plongées dans les ténèbres, chez lesquelles tout est soumis à la volonté et à la sagesse de l'homme, tandis que la volonté et la sagesse y sont si peu connues ?

Chez quelque peuple que ce soit, il n'existe point d'élément de révolution dont le triomphe soit aussi certain que ceux qui portent à la religion les plus mortelles atteintes ; et rien ne tend plus directement à détruire ou à supplanter la vraie religion que de lui substituer une religion fausse, qui s'adresse uniquement aux sens par des concerts, par un appareil théâtral, par de vaines cérémonies, une religion qui endort l'âme dans une sécurité trompeuse, et flatte incessamment les désirs des sens, les appétits charnels et l'orgueil mondain.

Quels redoutables instruments de ruine que les passions humaines, lorsque, portées au plus haut degré de violence et déchaînées comme le feu d'un volcan, elles viennent fondre sur les institutions civiles et politiques ! Tel est cependant le résultat auquel on doit toujours s'attendre chez un peuple où la vraie religion n'existe pas ; car elle seule peut contenir les passions effrénées de l'homme déchu. Chaque état devrait donc se faire une loi de répandre incessamment une instruction religieuse exempte de tout alliage de sagesse humaine et tirée de la source de vérité dans toute sa pureté. Le premier principe de l'éducation nationale est celui-ci : Enseignez la Bible au peuple ; joignez-y telles autres connaissances qu'il vous plaira, mais enseignez avant tout la Bible.

La papauté est le char de triomphe éphémère sur lequel la suite des antechrists poursuit sa course victorieuse, jusqu'à ce que la ruine finisse par s'accomplir. Mais la papauté n'est pas renfermée dans l'enceinte de Rome. Elle règne dans toutes les chaires et tous les cœurs où la lèpre orgueilleuse de la raison est en état de rébellion contre la révélation divine. Je dis la lèpre , car la raison saine n'hésiterait pas à proclamer la suprême infaillibilité de la révélation. Croire d'une manière absolue à Jéhovah, c'est-à-dire à un seul Dieu en trois personnes, et recevoir sa parole dans toute sa pureté, c'est la perfection de la raison humaine, si ce n'est même quelque chose de plus. On tombe dans une erreur funeste en se croyant libre de faire un choix dans la Bible, d'adopter certains passages et d'en rejeter certains autres. On ne doit pas même avoir la pensée d'y ajouter, d'y supprimer ou d'y changer quoi que ce soit. C'est la corrompre que d'y introduire la moindre modification. Il n'existe pas dans la papauté un seul élément qui puisse avoir la moindre utilité pour le salut. La terre et rien que la terre les domine tous, parce qu'ils ne s'adressent qu'aux sens et ne s'élèvent point au-dessus. Or, Dieu étant un esprit, c'est en esprit qu'il doit être adoré. « La chair ne profite point. »

Ce fait est démontré par les fruits du papisme dans les églises et les contrées soumises à sa domination. Considérez d'un œil impartial la France qui tient le premier rang ; considérez l'Espagne, le Portugal, la Pologne, le Mexique, les cantons catholiques d'Irlande, en un mot tout l'empire du papisme : de quelle crise horrible n'est-il pas menacé? Les Écritures, les dimanches, les prières, sont tous également profanés ; le culte public se réduit à une vaine formalité, à un spectacle frivole, si ce n'est même une pure dérision à l'égard de Dieu. Jusqu'en Prusse et en Allemagne où, tout en professant le protestantisme, on incline au papisme dans la pratique, ne distingue-t-on pas également ses fruits avec leurs caractères désastreux ?

C'est dans les pays où le protestantisme et le papisme existent simultanément, qu'on peut le mieux apprécier leurs résultats différents. On dirait à les voir, une section géologique où l'œil découvre, au-dessous d'une épaisse couche d'argile, une veine de métal précieux, puis une seconde couche d'argile recouvrant une seconde veine de métal précieux, et ainsi de suite. Ceux qui ont proclamé le papisme « une damnable hérésie et une dangereuse erreur, » étaient des hommes modérés, pieux et éclairés ; leur jugement ne saurait être suspect, ni de partialité, ni de faiblesse. Ce ne fut qu'après avoir acquis une grande expérience, après s'être livré à de profondes recherches et à de soigneuses observations, que ce vertueux archevêque Sandys en vint à s'écrier : « Il faut n'avoir rien appris pour ne pas voir l'énorme blasphème qui existe dans la papauté. »

Comment la France pourrait-elle jamais se relever avec un tel fardeau sur les épaules ? Il faut qu'elle s'en débarrasse. Y a-t-il sagesse, plaisir ou profit à rester obstinément attaché à une cause qui a toujours trahi son impuissance, et qui, la raison le dit, ne peut, sans le secours de la révélation, que continuer à avoir le même sort jusqu'à la fin des siècles ? La fidélité fait la sûreté. Tout écart de la foi, telle qu'elle fut une seule fois communiquée aux saints, est une cause de ruine et de décadence, quelque nom qu'on veuille lui donner.

L'homme qui se déclare l'ennemi irréconciliable de la papauté, par pur intérêt pour les âmes de ceux qui sont ses esclaves, est le premier de tous les bienfaiteurs de l'Eglise romaine. Son véritable ennemi est celui qui entretient l'erreur de ces malheureux, et compromet leur salut éternel, en appesantissant les chaînes dont ils sont chargés et en épaississant les ténèbres qui les environnent.

L'âme est un précieux héritage que l'homme a reçu d'en-haut et qui doit y retourner pour y rendre compte de son séjour ici-bas, et subir son dernier arrêt qui est sans appel. Lorsque l'on contemple sa valeur inappréciable et son immortalité, est-il possible qu'on cherche à l'égarer ?

Je défie tous les casuistes de l'Europe de démontrer qu'un homme quelconque ait le moindre droit d'enchaîner l'âme d'un autre par des liens humains, de la diriger dans la voie de l'erreur par des artifices humains, et de l'empêcher de se rassasier de la parole de vie qui peut seule la rendre sage à salut (1).

SIXIÈME PRINCIPE.

« Ayez l'œil sur la Providence et la Providence aura l'œil sur vous ; » c'est un ancien avis qui s'applique à tous les hommes, à toutes les époques, à toutes les circonstances, et aussi bien aux nations qu'aux individus ; tous ceux qui en ont fait l'épreuve, en ont reconnu la sagesse. Il existe aujourd'hui, sur tous les points du globe, d'abondants sujets d'observation et d'attente. L'esprit humain s'agite plein d'une brûlante ardeur, et dévoré

---

(1) L'auteur croit devoir déclarer, du reste, que tout en attaquant la papauté en principe et dans la pratique, il n'éprouve pas le moindre sentiment de haine personnelle pour le pape ni pour aucun de ses adhérents ; il n'a d'autre but que de venir en aide aux âmes égarées.

d'une soif insatiable de nouveautés, d'expériences et de changements. Le siècle se distingue par les progrès hardis et rapides de l'intelligence, ou plutôt de l'instruction, car l'intelligence est naturellement encore aujourd'hui telle qu'elle était avant le déluge. Mais il ne faut pas oublier que l'intelligence peut aussi marcher en arrière, en éloignant l'homme de *son Dieu ;* sa voie n'est régulière qu'en suivant le flambeau qui guide les sages depuis l'antiquité jusqu'à nos jours.

Ces indices, réunis aux discordes politiques qui déchirent l'Europe entière, sembleraient présager dans un avenir peu éloigné quelque événement miraculeux qui convaincra l'homme de l'existence d'un Dieu tout puissant qui, porté sur le tourbillon, dirige la tempête. Peut-être l'état de transition dans lequel se trouvent en ce moment les nations du continent, se terminera-t-il, grâce à l'éternelle Providence, par une grande et glorieuse réforme qui, sur les ruines d'une religion fausse et odieuse au Seigneur, en élèvera une autre véritable et qu'il aime, pour le honheur éternel de l'homme et la gloire du Très-Haut. Une chose est certaine, quoi qu'il arrive, c'est que les justes seront sauvés.

CONCLUSION.

Si les observations précédentes sont fondées en sagesse, si un décret d'en-haut prescrit aux rois et aux ministres de « prendre garde au Seigneur, » chacun d'eux doit constamment se préoccuper du soin de rendre chrétien le peuple dont le gouvernement lui est confié, autant du moins qu'il peut le faire comme instrument ; car, à proprement parler, c'est le créateur de l'homme qui peut seul le rendre chrétien ; et comme chaque génération a autant besoin d'être convertie que celle qui l'a précédée, ce doit être une œuvre perpétuelle, toujours en cours d'exécution et jamais achevée. Ce doit être en outre une œuvre individuelle, car elle intéresse également tous les membres de l'État, depuis le roi jusqu'au mendiant, depuis le grand seigneur jusqu'au paysan.

Mais, se demandera-t-on, à quel signe serait-il possible de reconnaître que ces soins auraient produit leur effet salutaire sur une ou plusieurs personnes ? On le reconnaîtrait à la *conversion* qui se manifesterait par ses fruits. Toute autre preuve de ce fait véritable et vital serait plus ou moins incertaine ; la conversion seule est infaillible. Celui qui a parlé comme l'homme n'a jamais pu le faire, le Seigneur lui-même, en a exposé les raisons en ces termes : « A moins que vous ne soyez convertis, vous ne pouvez entrer dans le royaume du Ciel. » Par conséquent la conversion est tout. Est-elle accomplie, tout l'est en même temps ; est-elle encore à faire, il n'y a rien absolument de fait. Le Seigneur dit encore : « Mon fils, donne-moi ton cœur. » Il ne demande rien de plus ; car dans l'homme le cœur est tout ; c'est là que réside l'amour inaltérable, plus cher que la vie et plus puissant que la mort.

Un cœur vide de grâce et de vérité, comme doit l'être tout cœur non converti, est toujours prêt à se laisser égarer par des erreurs de tout genre ; tandis qu'aucune puissance humaine ne peut ébranler le cœur converti à Dieu et solidement établi dans sa vérité. Un cœur droit devant Dieu est complétement droit. Toute âme vivante est ou un Saül de Tarse ou un Paul d'Athènes, il n'y a pas de milieu ; l'un montre quelle peut être la perversité d'un pharisien consciencieux, avec ses mille pratiques religieuses (1), et l'autre, quel véritable saint la grâce de Dieu peut faire de lui par la conversion, tant la nature et la grâce répugnent l'une à l'autre. C'est un miroir dans lequel chaque homme peut se contempler.

J'emploie simplement le mot *conversion*, parce qu'il fait venir naturellement à la pensée la conversion de saint Paul, et qu'il dispense de toute autre explication.

L'éducation, quelque savante, quelque ornée, quelque perfectionnée qu'elle soit par le travail et l'urbanité, ne saurait jamais être considérée comme solide à moins d'être animée du principe chrétien. La sagesse qui rend sage à salut doit être la base et le centre de toute l'éducation nationale. Une nation constituée sur ce principe ne peut manquer de s'élever et n'a point à craindre de chute.

La maxime *crux gentium opes* vivra dans tous les temps. Afin d'éviter les malentendus, je prends la liberté de la traduire ainsi : « le christianisme est la richesse d'une nation, » c'est-à-dire la seule source véritable, bien que secrète, de puissance, de paix et de prospérité, parce que le *bras du Seigneur* est en elle. Ce n'est pas pour rien que le premier commandement est placé en tête des autres et appelé *grand*; le principe en est magnifiquement exposé dans le texte suivant, par lequel ces observations ont commencé, et se terminent ici : « Cherchez avant tout le royaume de Dieu et sa justice ; et toutes les autres choses vous seront données en surplus. »

BILLET.

Taunton, octobre 1848.

____

(1) L'histoire rapporte que soixante chrétiens convertis souffrirent le martyre le même jour et dans le même lieu que saint Étienne.